Ir. Aparecida Matilde Alves, fsp

NOSSA SENHORA DA SAÚDE

Socorro dos enfermos

HISTÓRIA E NOVENA

Direção-geral: *Flávia Reginatto*
Editora responsável: *Marina Mendonça*
Copidesque: *Mônica Elaine G. S. da Costa*
Coordenação de revisão: *Marina Mendonça*
Revisão: *Sandra Sinzato*
Gerente de produção: *Felício Calegaro Neto*
Projeto gráfico: *Jéssica Diniz Souza*

1ª edição – 2020
1ª reimpressão – 2022

Nenhuma parte desta obra poderá ser reproduzida ou transmitida por qualquer forma e/ou quaisquer meios (eletrônico ou mecânico, incluindo fotocópia e gravação) ou arquivada em qualquer sistema ou banco de dados sem permissão escrita da Editora. Direitos reservados.

Paulinas

Rua Dona Inácia Uchoa, 62
04110-020 – São Paulo – SP (Brasil)
Tel.: (11) 2125-3500
http://www.paulinas.com.br / editora@paulinas.com.br
Telemarketing e SAC: 0800-7010081

© Pia Sociedade Filhas de São Paulo – São Paulo, 2020

Introdução

O século XVI foi muito triste para a Europa, com muitas doenças e uma terrível peste, conhecida como "peste negra". Quase todo o continente europeu foi atingido por ela, principalmente Portugal. O ano de 1569 foi o pior. Os hospitais estavam sempre lotados, não havia mais lugar para colocar tantos doentes e muitas pessoas morreram. Os países menos atingidos mandavam médicos, enfermeiros, remédios para socorrer os mais necessitados.

Desesperado, o povo português organizou missas, orações e procissões com a imagem de Maria durante vários meses. No cemitério, atrás da Igreja de Sacavém, em Portugal, os coveiros foram obrigados a abrir muitas covas para enterrar as pessoas que morriam por causa da peste. Para surpresa de todos, ao abrirem uma das covas, encontraram nela uma pequena imagem de Nossa Senhora. Todos consideraram o fato como um milagre e intensificaram as orações e procissões pedindo o fim da peste. No ano seguinte, as mortes foram diminuindo e a peste teve fim.

A população escolheu, então, o dia 20 de abril para comemorar o fim da grande peste e deu à pequena imagem o nome de Nossa Senhora da Saúde, para agradecer a proteção de Maria Santíssima. Assim, desde 1570, em Portugal, todos os anos celebra-se a festa de Nossa Senhora da Saúde, devoção que se estendeu por toda a Europa há quase 450 anos.

A imagem de Nossa Senhora da Saúde é rica em símbolos: a "taça" que traz na mão é o grande símbolo que a diferencia. Essa taça simboliza o remédio e a saúde. Como Mãe de Jesus, Maria pode interceder e alcançar para nós a saúde. Pode livrar multidões de pestes contagiosas, como já aconteceu tantas vezes na história. Outras vezes, ela pode inspirar os médicos, pesquisadores e profissionais da saúde a encontrarem a cura para determinado mal. Diz o Livro do Eclesiástico: "Honra o médico por causa da necessidade [do povo]. Foi o Altíssimo quem o criou. Toda medicina provém de Deus. A ciência do médico o eleva em honra; ele é admirado na presença dos grandes. O Senhor fez a terra produzir os medicamentos: o homem sensato não os despreza. O Altíssimo deu aos homens a ciência da medicina para ser honrado em suas maravilhas; e dela se serve para acalmar as dores e curá-las; o farmacêutico faz misturas agradáveis, compõe unguentos úteis à saúde, e seu trabalho não terminará, até que a paz divina se estenda sobre a face da terra" (Eclo 38,1-8).

Nossa Senhora insiste na conversão, na vida de oração e na busca de Deus, e hoje a ciência confirma que uma pessoa que vive em paz, que cultiva sua fé, que leva uma vida regada pela oração tem mais chances de estar bem, de desfrutar de boa saúde e de recuperar-se mais rapidamente diante de qualquer doença.

Nossa Senhora da Saúde quer que vivamos sadios física, mental e espiritualmente: "Meu filho, se estiveres doente, não te descuides de ti... Ora ao Senhor que te curará. Afasta-te do pecado, reergue as mãos e purifica teu coração de todo pecado... Em seguida, dá lugar ao médico, pois ele foi criado por Deus e sua arte te é necessária" (Eclo 38,9-12).

O "manto azul" que envolve a Senhora da Saúde simboliza o céu e a intervenção divina em nossa saúde.

Sua "túnica vermelha" simboliza o Sangue de Cristo, a Paixão e as chagas de Jesus, pelas quais fomos curados: "Por suas chagas fomos curados" (Is 53,5).

O "Menino Jesus", que Maria sustenta em seu braço, é o Remédio dos remédios, o Doador da saúde, o Médico dos médicos. Jesus é quem cura o corpo e a alma.

Na América Latina, a origem da milagrosa imagem de Nossa Senhora da Saúde remonta aos primeiros tempos da conquista do México pelos espanhóis, sendo bem notável a fabricação da sua imagem e o material nela empregado.

Os índios tarascos costumavam, quando ainda gentios, modelar os simulacros de suas falsas divindades com uma pasta composta da medula do talo do milho perfeitamente seca e moída, misturada com os falsos bulbos de uma planta epífita, chamada, em seu idioma, "tatzingueni". Essa mistura, nas proporções devidas, produzia uma massa bastante manipulável, e com ela modelavam as figuras.

Quem ensinou aos tarascos a aplicação da pasta de milho à estatuária foi Matias de la Cerda, o mais famoso escultor que, da Europa, veio para a América. Com o mesmo material, os índios de Patzcuaro, sob a direção de dom Vasco de Guiroga, primeiro bispo de Michoacán, esculpiram mais tarde a venerada imagem de Nossa Senhora da Saúde, provavelmente no ano de 1538.

A imagem foi colocada em modestíssimo altar do hospital que dom Vasco erigiu em Patzcuaro sob a invocação de Santa Maria. Assim ficaram os enfermos e desvalidos da raça indígena recomendados ao patrocínio daquela que é o consolo dos aflitos; e logo a Santíssima Virgem começou a derramar tantas graças e benefícios sobre quem a ela recorria que sua fama se estendeu pela comarca inteira, de modo que lhe deram o título de "Saúde dos enfermos" ou "Nossa Senhora da Saúde".

Em 8 de dezembro de 1717 foi consagrado seu santuário, celebrando-se sua dedicação, com grande pompa, durante oito dias. Em 1890, o santuário foi remodelado e dotado de um novo altar para a milagrosa imagem, solenemente coroada em 8 de dezembro de 1899, em meio a grandes e suntuosas festas.

Novena

Primeiro dia

Oração inicial

Em nome do Pai, do Filho e do Espírito Santo. Amém.

Senhor, coloco-me diante de ti em atitude de oração. Sei que me ouves, me amas e me vês. Sei que estou em ti e que tua força está em mim.

Olha para este meu corpo marcado pela doença. Tu sabes, Senhor, o quanto me custa sofrer. Sei que não te alegras com o sofrimento de teus filhos.

Dá-me, Senhor, força e coragem para vencer os momentos de desespero e cansaço. Torna-me paciente e compreensivo, simples e modesto.

Neste momento, eu te ofereço minhas preocupações, angústias e sofrimentos para que eu seja mais digno de ti.

Aceita, Senhor, que eu una meus sofrimentos aos sofrimentos de teu Filho Jesus, que, por amor à humanidade, deu sua vida no alto da cruz.

Dá-me a cura física e espiritual! Sobretudo, que se faça na minha vida tua santa vontade.

Amém.

Pai-Nosso. Ave-Maria. Glória.

Palavra de Deus

Na sinagoga, estava um homem que tinha o espírito de um demônio impuro, que gritou fortemente: "Deixa-nos em paz, Jesus Nazareno! Vieste para destruir-nos? Sei quem tu és: o Santo de Deus". Jesus o conjurou: "Cala-te e sai dele!" E, depois que o demônio o derrubou no meio deles, saiu dele sem lhe fazer mal algum. Todos ficaram atônitos e comentavam entre si: "Que palavra é essa? Com autoridade e poder dá ordens aos espíritos impuros, e eles saem!" (Lc 4,33-36).

Reflexão

Jesus é o Senhor da vida e nos quer todos livres do mal, da angústia, da doença. Se lhe pedimos com fé, Jesus nos concede a saúde, quando dela necessitamos. Ele é o Libertador e o Médico dos médicos.

Oração a Nossa Senhora da Saúde

Senhora da Saúde, Mãe amorosa de todos os que sofrem no corpo e na alma.

Cuida da saúde de teus filhos, alivia as dores e as doenças que nos afligem, nos desconcertam e nos fragilizam.

Peça a teu Filho amado, que tantos doentes curou pelas estradas de seu tempo, que tenha compaixão de nós, que seja ele nossa força. Que seja por ele nosso sofrimento. Que Deus nos dê saúde para servi-lo sempre e para cuidarmos uns dos outros.

Mas que, acima de tudo e sempre, seja feita a vontade de Deus Pai, que cuida de nós com infinito amor e incomparável ternura.

Toma-nos pelas mãos, Mãe tão querida, e leva-nos a Jesus para que nos conceda, por tua intercessão, a graça que hoje lhe suplicamos (momento para fazer seu pedido).

Conclusão da oração

Lembrai-vos, ó puríssima Virgem Maria, que nunca se ouviu dizer que algum daqueles que têm recorrido a vossa proteção, implorado a vossa assistência e reclamado o vosso socorro fosse por vós desamparado.

Animado, pois, com igual confiança, a vós recorro, ó Mãe, ó Virgem entre todas singular. De vós me valho e, gemendo sob o peso de meus pecados, me prostro a vossos pés.

Não desprezeis minhas súplicas, ó Mãe do Filho de Deus humanado, mas dignai-vos ouvi-las, propícia, e me alcançar o que vos rogo.

Amém.

Segundo dia

Oração inicial

Em nome do Pai, do Filho e do Espírito Santo. Amém.

Senhor, coloco-me diante de ti em atitude de oração. Sei que me ouves, me amas e me vês. Sei que estou em ti e que tua força está em mim.

Olha para este meu corpo marcado pela doença. Tu sabes, Senhor, o quanto me custa sofrer. Sei que não te alegras com o sofrimento de teus filhos.

Dá-me, Senhor, força e coragem para vencer os momentos de desespero e cansaço. Torna-me paciente e compreensivo, simples e modesto.

Neste momento, eu te ofereço minhas preocupações, angústias e sofrimentos para que eu seja mais digno de ti.

Aceita, Senhor, que eu una meus sofrimentos aos sofrimentos de teu Filho Jesus, que, por amor à humanidade, deu sua vida no alto da cruz.

Dá-me a cura física e espiritual! Sobretudo, que se faça na minha vida tua santa vontade.

Amém.

Pai-Nosso. Ave-Maria. Glória.

Palavra de Deus

Depois de deixar a sinagoga, entrou na casa de Simão. A sogra de Simão estava sendo atormentada com febre alta, e pediram por ela a Jesus. Ele se inclinou sobre ela, conjurou a febre e esta a deixou. Imediatamente ela se levantou e começou a servi-los (Lc 4,38-39).

Reflexão

A sogra de Pedro ensina-nos algo precioso: assim que foi curada e recobrou a disposição, "levantou-se e começou a servi-los". A graça de Deus é dada sempre com o intuito de nos conduzir a servi-lo! Sua graça e misericórdia nos são dadas todos os dias, a todo instante. Por isso, devemos servir ao Senhor e aos irmãos, sempre, por gratidão e reconhecimento.

Oração a Nossa Senhora da Saúde

A vossa proteção recorremos, ó Santa Mãe de Deus, consoladora dos aflitos e saúde dos enfermos. Não desprezeis nossas súplicas em nossas necessidades e livrai-nos sempre de todos os perigos e das doenças, ó Virgem gloriosa e bendita! Senhora nossa, medianeira nossa, advogada nossa, reconciliai-nos com vosso Filho; recomendai-nos e apresentai-nos a ele.

Virgem puríssima, que sois a saúde dos enfermos, o refúgio dos pecadores, a consoladora dos aflitos e a distribuidora de todas as graças; na minha fraqueza e no meu desânimo, apelo hoje para os tesouros da vossa divina misericórdia e bondade e atrevo-me a chamar-vos pelo doce nome de Mãe.

Sim, ó Mãe, atendei-me em minha enfermidade, dai-me a saúde do corpo para que possa cumprir meus deveres com ânimo e alegria, e com a mesma disposição sirva a vosso Filho Jesus e agradeça a vós, saúde dos enfermos. Nossa Senhora da Saúde, rogai por nós!

Amém.

Conclusão da oração

Lembrai-vos, ó puríssima Virgem Maria, que nunca se ouviu dizer que algum daqueles que têm recorrido a vossa proteção, implorado a vossa assistência e reclamado o vosso socorro fosse por vós desamparado.

Animado, pois, com igual confiança, a vós recorro, ó Mãe, ó Virgem entre todas singular. De vós me valho e, gemendo sob o peso de meus pecados, me prostro a vossos pés.

Não desprezeis minhas súplicas, ó Mãe do Filho de Deus humanado, mas dignai-vos ouvi-las, propícia, e me alcançar o que vos rogo.

Amém.

Terceiro dia

Oração inicial

Em nome do Pai, do Filho e do Espírito Santo. Amém.

Senhor, coloco-me diante de ti em atitude de oração. Sei que me ouves, me amas e me vês. Sei que estou em ti e que tua força está em mim.

Olha para este meu corpo marcado pela doença. Tu sabes, Senhor, o quanto me custa sofrer. Sei que não te alegras com o sofrimento de teus filhos.

Dá-me, Senhor, força e coragem para vencer os momentos de desespero e cansaço. Torna-me paciente e compreensivo, simples e modesto.

Neste momento, eu te ofereço minhas preocupações, angústias e sofrimentos para que eu seja mais digno de ti.

Aceita, Senhor, que eu una meus sofrimentos aos sofrimentos de teu Filho Jesus, que, por amor à humanidade, deu sua vida no alto da cruz.

Dá-me a cura física e espiritual! Sobretudo, que se faça na minha vida tua santa vontade.

Amém.

Pai-Nosso. Ave-Maria. Glória.

Palavra de Deus

Agora eu me alegro nos sofrimentos por vós e completo em minha carne o que resta das aflições do Cristo em favor de seu corpo, que é a Igreja, da qual eu me tornei servidor segundo o desígnio de Deus que me foi dado em vosso favor para cumprir a Palavra de Deus (Cl 1,24-25).

Reflexão

Podemos aprender com São Paulo a aceitar o sofrimento, que é inerente ao ser humano, com coragem, sem nos abater, como graça de Deus, e não como empecilho em nossa caminhada.

A cruz, o sofrimento, purifica-nos, abre-nos os olhos para panoramas de vida maiores, mais verdadeiros e mais belos. Pense nisso!

Oração a Nossa Senhora da Saúde

Jesus, Filho de Maria, a Senhora da saúde, a Mãe dos enfermos. Tu és o médico divino, tu dás a vida em plenitude àqueles que te buscam. Tu ouves, sobretudo, as preces que são colocadas nas mãos de tua Mãe.

Eu te peço, então, por meio de Nossa Senhora da Saúde, tua Mãe bendita: opera em mim uma profunda cura espiritual e, se for de tua vontade, também a cura física de todos aqueles problemas que me impedem de viver plenamente para teu serviço. Peço-te, ó Mãe, de maneira especial, por esta dificuldade (... pedir a graça).

Mãe querida, acredito na força de tua intercessão junto a Jesus e sei também que, além de mim, há muitos doentes que precisam da presença curadora de teu Filho: aqueles que me pediram orações e muitos outros que sofrem nos hospitais e também em leitos de suas casas, muitas vezes sem recurso nenhum, sem médico que os visite, sem remédio suficiente e acertado... Tem misericórdia, Senhor, de cada um deles!

Maria, Mãe dos enfermos, conforta-nos e cuida especialmente dos mais pobres e desprovidos. Não os deixes sozinhos, Mãe santíssima!

Amém.

Conclusão da oração

Lembrai-vos, ó puríssima Virgem Maria, que nunca se ouviu dizer que algum daqueles que têm recorrido a vossa proteção, implorado a vossa assistência e reclamado o vosso socorro fosse por vós desamparado.

Animado, pois, com igual confiança, a vós recorro, ó Mãe, ó Virgem entre todas singular. De vós me valho e, gemendo sob o peso de meus pecados, me prostro a vossos pés.

Não desprezeis minhas súplicas, ó Mãe do Filho de Deus humanado, mas dignai-vos ouvi-las, propícia, e me alcançar o que vos rogo.

Amém.

Quarto dia

Oração inicial

Em nome do Pai, do Filho e do Espírito Santo. Amém.

Senhor, coloco-me diante de ti em atitude de oração. Sei que me ouves, me amas e me vês. Sei que estou em ti e que tua força está em mim.

Olha para este meu corpo marcado pela doença. Tu sabes, Senhor, o quanto me custa sofrer. Sei que não te alegras com o sofrimento de teus filhos.

Dá-me, Senhor, força e coragem para vencer os momentos de desespero e cansaço. Torna-me paciente e compreensivo, simples e modesto.

Neste momento, eu te ofereço minhas preocupações, angústias e sofrimentos para que eu seja mais digno de ti.

Aceita, Senhor, que eu una meus sofrimentos aos sofrimentos de teu Filho Jesus, que, por amor à humanidade, deu sua vida no alto da cruz.

Dá-me a cura física e espiritual! Sobretudo, que se faça na minha vida tua santa vontade.

Amém.

Pai-Nosso. Ave-Maria. Glória.

Palavra de Deus

> Ao pôr do sol, todos os que tinham doentes com diversas enfermidades levavam-nos até ele. Ele, colocando as mãos sobre cada um deles, os curava. Também de muitos deles saíam demônios que gritavam: "Tu és o Filho de Deus!" Mas, conjurando-os, não lhes permitia falar, porque sabiam que ele era o Cristo (Lc 4,40-41).

Reflexão

Deus quer participar sempre de nossa vida. Por meio de sua Palavra, ele se revelou a nós como um Deus cheio de amor e de compaixão pelo seu povo. Por meio de seu Filho Jesus, ele concretizou seu plano de salvação a todos.

A Palavra de Deus é, para todos os doentes, luz que os ilumina em suas incertezas diante do sofrimento; o amparo e o consolo nas dificuldades; e o bálsamo que cura e liberta da doença.

Oração a Nossa Senhora da Saúde

Senhora da Saúde, Mãe amorosa de todos os que sofrem no corpo e na alma.

Cuida da saúde de teus filhos, alivia as dores e as doenças que nos afligem, nos desconcertam e nos fragilizam.

Peça a teu Filho amado, que tantos doentes curou pelas estradas de seu tempo, que tenha compaixão de nós, que seja ele nossa força. Que seja por ele nosso sofrimento. Que Deus nos dê saúde para servi-lo sempre e para cuidarmos uns dos outros.

Mas que, acima de tudo e sempre, seja feita a vontade de Deus Pai, que cuida de nós com infinito amor e incomparável ternura.

Toma-nos pelas mãos, Mãe tão querida, e leva-nos a Jesus para que nos conceda, por tua intercessão, a graça que hoje lhe suplicamos (momento para fazer seu pedido).

Conclusão da oração

Lembrai-vos, ó puríssima Virgem Maria, que nunca se ouviu dizer que algum daqueles que têm recorrido a vossa proteção, implorado a vossa assistência e reclamado o vosso socorro fosse por vós desamparado.

Animado, pois, com igual confiança, a vós recorro, ó Mãe, ó Virgem entre todas singular. De vós me valho e, gemendo sob o peso de meus pecados, me prostro a vossos pés.

Não desprezeis minhas súplicas, ó Mãe do Filho de Deus humanado, mas dignai-vos ouvi-las, propícia, e me alcançar o que vos rogo.

Amém.

Quinto dia

Oração inicial

Em nome do Pai, do Filho e do Espírito Santo. Amém.

Senhor, coloco-me diante de ti em atitude de oração. Sei que me ouves, me amas e me vês. Sei que estou em ti e que tua força está em mim.

Olha para este meu corpo marcado pela doença. Tu sabes, Senhor, o quanto me custa sofrer. Sei que não te alegras com o sofrimento de teus filhos.

Dá-me, Senhor, força e coragem para vencer os momentos de desespero e cansaço. Torna-me paciente e compreensivo, simples e modesto.

Neste momento, eu te ofereço minhas preocupações, angústias e sofrimentos para que eu seja mais digno de ti.

Aceita, Senhor, que eu una meus sofrimentos aos sofrimentos de teu Filho Jesus, que, por amor à humanidade, deu sua vida no alto da cruz.

Dá-me a cura física e espiritual! Sobretudo, que se faça na minha vida tua santa vontade.

Amém.

Pai-Nosso. Ave-Maria. Glória.

Palavra de Deus

Certa vez, estando numa dessas cidades, apareceu um homem completamente coberto de lepra. Tendo visto Jesus, caiu com o rosto em terra e lhe implorou: "Senhor, se queres, podes purificar-me!" Jesus estendeu a mão e o tocou, dizendo: "Quero! Sê purificado!" E, imediatamente, a lepra o deixou. E Jesus lhe ordenou: "Não digas isso a ninguém; mas vai, apresenta-te ao sacerdote e faz a oferta por tua purificação, conforme prescreveu Moisés, para que lhes sirva de testemunho" (Lc 5,12-14).

Reflexão

Os leprosos na época de Jesus eram excluídos da sociedade e da religião. Olhados como pessoas impuras, não podiam conviver com os outros. Jesus quebrou esse preconceito ao encontrar um leproso: "estendeu a mão, tocou nele e o purificou". Diante da súplica do doente, Jesus não fica indiferente. Responde com um milagre, sinal da vitória da vida sobre o mal, a doença e a morte.

Oração a Nossa Senhora da Saúde

Virgem puríssima, que sois a saúde dos enfermos, o refúgio dos pecadores, a consoladora dos aflitos e a distribuidora de todas as graças; na minha fraqueza e no meu desânimo, apelo hoje para os tesouros da vossa divina misericórdia e bondade e atrevo-me a chamar-vos pelo doce nome de Mãe.

Sim, ó Mãe, atendei-me em minha enfermidade, dai-me a saúde do corpo para que possa cumprir meus deveres com ânimo e alegria, e com a mesma disposição sirva a vosso Filho Jesus e agradeça a vós, saúde dos enfermos. Nossa Senhora da Saúde, rogai por nós!

Amém.

Conclusão da oração

Lembrai-vos, ó puríssima Virgem Maria, que nunca se ouviu dizer que algum daqueles que têm recorrido a vossa proteção, implorado a vossa assistência e reclamado o vosso socorro fosse por vós desamparado.

Animado, pois, com igual confiança, a vós recorro, ó Mãe, ó Virgem entre todas singular. De vós me valho e, gemendo sob o peso de meus pecados, me prostro a vossos pés.

Não desprezeis minhas súplicas, ó Mãe do Filho de Deus humanado, mas dignai-vos ouvi-las, propícia, e me alcançar o que vos rogo.

Amém.

Sexto dia

Oração inicial

Em nome do Pai, do Filho e do Espírito Santo. Amém.

Senhor, coloco-me diante de ti em atitude de oração. Sei que me ouves, me amas e me vês. Sei que estou em ti e que tua força está em mim.

Olha para este meu corpo marcado pela doença. Tu sabes, Senhor, o quanto me custa sofrer. Sei que não te alegras com o sofrimento de teus filhos.

Dá-me, Senhor, força e coragem para vencer os momentos de desespero e cansaço. Torna-me paciente e compreensivo, simples e modesto.

Neste momento, eu te ofereço minhas preocupações, angústias e sofrimentos para que eu seja mais digno de ti.

Aceita, Senhor, que eu una meus sofrimentos aos sofrimentos de teu Filho Jesus, que, por amor à humanidade, deu sua vida no alto da cruz.

Dá-me a cura física e espiritual! Sobretudo, que se faça na minha vida tua santa vontade.

Amém.

Pai-Nosso. Ave-Maria. Glória.

Palavra de Deus

Certo dia, enquanto ensinava, estavam sentados ali fariseus e mestres da Lei, vindos de todos os povoados... O poder do Senhor estava com ele para realizar curas. Alguns homens, carregando numa maca um homem paralisado, procuravam introduzi-lo e colocá-lo diante de Jesus. Não encontrando modo de introduzi-lo, por causa da multidão, subiram no telhado e, através das telhas, desceram-no com a maca, no centro, diante de Jesus. Vendo a fé deles, disse: "Homem, teus pecados te são perdoados". Os escribas e os fariseus começaram a raciocinar: "Quem é este que diz blasfêmias? Quem pode perdoar pecados senão somente Deus?" Mas Jesus, percebendo seus raciocínios, disse-lhes: "Por que raciocinais assim em vossos corações? Que é mais fácil? Dizer: 'Teus pecados te são perdoados', ou dizer: 'Levanta-te e caminha?' Pois bem, para que saibais que o Filho do Homem tem autoridade na terra para perdoar pecados, eu te digo: levanta-te, toma tua maca e vai para tua casa!" (Lc 5,17-32).

Reflexão

A fé exige atitudes. Os amigos do paralítico procuraram por Jesus. Encontrando dificuldades para entrar pela porta, não desanimaram, buscaram outra possibilidade. Jesus é julgado pelos fariseus e doutores da Lei por sua atitude. De repente, o desprezível cortejo da maca recebe a atenção do Mestre da vida e o doente é curado no corpo e na alma. Um testemunho que aproximou muitas outras pessoas de Jesus.

Oração a Nossa Senhora da Saúde

Senhora da Saúde, Mãe amorosa de todos os que sofrem no corpo e na alma.

Cuida da saúde de teus filhos, alivia as dores e as doenças que nos afligem, nos desconcertam e nos fragilizam.

Peça a teu Filho amado, que tantos doentes curou pelas estradas de seu tempo, que tenha compaixão de nós, que seja ele nossa força. Que seja por ele nosso sofrimento. Que Deus nos dê saúde para servi-lo sempre e para cuidarmo-nos uns dos outros.

Mas que, acima de tudo e sempre, seja feita a vontade de Deus Pai, que cuida de nós com infinito amor e incomparável ternura.

Toma-nos pelas mãos, Mãe tão querida, e leva-nos a Jesus para que nos conceda, por tua intercessão, a graça que hoje lhe suplicamos (momento para fazer seu pedido).

Conclusão da oração

Lembrai-vos, ó puríssima Virgem Maria, que nunca se ouviu dizer que algum daqueles que têm recorrido a vossa proteção, implorado a vossa assistência e reclamado o vosso socorro fosse por vós desamparado.

Animado, pois, com igual confiança, a vós recorro, ó Mãe, ó Virgem entre todas singular. De vós me valho e, gemendo sob o peso de meus pecados, me prostro a vossos pés.

Não desprezeis minhas súplicas, ó Mãe do Filho de Deus humanado, mas dignai-vos ouvi-las, propícia, e me alcançar o que vos rogo.

Amém.

Sétimo dia

Oração inicial

Em nome do Pai, do Filho e do Espírito Santo. Amém.

Senhor, coloco-me diante de ti em atitude de oração. Sei que me ouves, me amas e me vês. Sei que estou em ti e que tua força está em mim.

Olha para este meu corpo marcado pela doença. Tu sabes, Senhor, o quanto me custa sofrer. Sei que não te alegras com o sofrimento de teus filhos.

Dá-me, Senhor, força e coragem para vencer os momentos de desespero e cansaço. Torna-me paciente e compreensivo, simples e modesto.

Neste momento, eu te ofereço minhas preocupações, angústias e sofrimentos para que eu seja mais digno de ti.

Aceita, Senhor, que eu una meus sofrimentos aos sofrimentos de teu Filho Jesus, que, por amor à humanidade, deu sua vida no alto da cruz.

Dá-me a cura física e espiritual! Sobretudo, que se faça na minha vida tua santa vontade.

Amém.

Pai-Nosso. Ave-Maria. Glória.

Palavra de Deus

Depois disso, Jesus foi a uma cidade chamada Naim... Quando se aproximava da porta da cidade, estava sendo carregado para fora um morto, filho único de sua mãe, que era viúva; uma numerosa multidão da cidade estava com ela. Ao vê-la, o Senhor foi tomado de compaixão por ela e disse-lhe: "Não chores". E, aproximando-se, tocou o féretro, e os que o carregavam pararam. Então disse: "Jovem, eu te digo: levanta-te!". O morto ergueu-se e começou a falar; e Jesus o entregou a sua mãe. Todos ficaram atemorizados e glorificavam a Deus, dizendo: "Um grande profeta surgiu entre nós", e: "Deus visitou seu povo" (Lc 7,11-17).

Reflexão

Nos corações já se podia ouvir murmurações: como pode um judeu tocar um morto? Mas o Mestre mostra que é Senhor da Lei, da vida e da morte. A Jesus, preocupa o sofrimento da mãe viúva que perde seu único filho. Ordena, e o morto se levanta. Jesus, carinhosamente, o entrega a sua mãe.

Oração a Nossa Senhora da Saúde

Jesus, Filho de Maria, a Senhora da saúde, a Mãe dos enfermos. Tu és o médico divino, tu dás a vida em plenitude àqueles que te buscam. Tu ouves, sobretudo, as preces que são colocadas nas mãos de tua mãe.

Eu te peço, então, por meio de Nossa Senhora da Saúde, tua mãe bendita: opera em mim uma profunda cura espiritual e, se for de tua vontade, também a cura física de todos aqueles problemas que me impedem de viver plenamente para teu serviço. Peço-te, de maneira especial, por esta dificuldade (... pedir a graça).

Mãe querida, acredito na força de tua intercessão junto a Jesus e sei também que, além de mim, há muitos doentes que precisam da presença curadora de teu Filho: aqueles que me pediram orações e muitos outros que sofrem nos hospitais e também em leitos de suas casas, muitas vezes sem recurso algum, sem médico que os visite, sem remédio suficiente e acertado... Tem misericórdia, Senhor, de cada um deles!

Maria, Mãe dos enfermos, conforta-nos e cuida especialmente dos mais pobres e desprovidos. Não os deixes sozinhos, Mãe santíssima!

Amém.

Conclusão da oração

Lembrai-vos, ó puríssima Virgem Maria, que nunca se ouviu dizer que algum daqueles que têm recorrido a vossa proteção, implorado a vossa assistência e reclamado o vosso socorro fosse por vós desamparado.

Animado, pois, com igual confiança, a vós recorro, ó Mãe, ó Virgem entre todas singular. De vós me valho e, gemendo sob o peso de meus pecados, me prostro a vossos pés.

Não desprezeis minhas súplicas, ó Mãe do Filho de Deus humanado, mas dignai-vos ouvi-las, propícia, e me alcançar o que vos rogo.

Amém.

Oitavo dia

Oração inicial

Em nome do Pai, do Filho e do Espírito Santo. Amém.

Senhor, coloco-me diante de ti em atitude de oração. Sei que me ouves, me amas e me vês. Sei que estou em ti e que tua força está em mim.

Olha para este meu corpo marcado pela doença. Tu sabes, Senhor, o quanto me custa sofrer. Sei que não te alegras com o sofrimento de teus filhos.

Dá-me, Senhor, força e coragem para vencer os momentos de desespero e cansaço. Torna-me paciente e compreensivo, simples e modesto.

Neste momento, eu te ofereço minhas preocupações, angústias e sofrimentos para que eu seja mais digno de ti.

Aceita, Senhor, que eu una meus sofrimentos aos sofrimentos de teu Filho Jesus, que, por amor à humanidade, deu sua vida no alto da cruz.

Dá-me a cura física e espiritual! Sobretudo, que se faça na minha vida tua santa vontade.

Amém.

Pai-Nosso. Ave-Maria. Glória.

Palavra de Deus

Em outro sábado, [Jesus] entrou na sinagoga para ensinar, e lá havia um homem cujo braço direito estava atrofiado. Os escribas e os fariseus espreitavam-no para ver se curaria no sábado, e assim encontrar de que acusá-lo. Mas ele, conhecendo seus pensamentos, disse ao homem do braço atrofiado: "Levanta-te e fica de pé no meio!" Ele se levantou e ficou de pé. Então, Jesus lhes disse: "Eu vos pergunto: o que é permitido em sábado, fazer o bem ou fazer o mal, salvar uma vida ou destruí-la?" E, depois de repassar um olhar sobre todos eles, disse ao homem: "Estende teu braço!" Ele o fez, e o braço ficou restabelecido. Eles, porém, ficaram furiosos e discutiam juntos sobre o que poderiam fazer a Jesus (Lc 6,6-11).

Reflexão

O relato dessa cura por Jesus, em dia de sábado, foi narrado nos evangelhos de Lucas, de

Marcos e de Mateus. Vendo que ali estavam os fariseus, que o seguiam a fim de encontrar nele algo com que pudessem condená-lo, e sabendo o que passava no coração deles, Jesus resolve confrontar-lhes a religiosidade com a verdade libertadora de seu Evangelho. Ele tirou o homem da marginalidade social e mostrou aos fariseus que a religiosidade deles os impedia de cumprir o mandamento de amor ao próximo. Nós, como Igreja, devemos promover a justiça do Reino de Deus, agindo em favor dos necessitados, levando-os a um Evangelho que os restaure por completo: social, emocional, espiritual e fisicamente.

Oração a Nossa Senhora da Saúde

Ó querida Mãe, Rainha daqueles que seguem teu Filho nos caminhos da fé e da penitência! No alvorecer da esperança, teu amor nos ilumina com a paz e nos traz a alegria da fé, a qual nos devolve o sorriso roubado por nossas dores e nossos limites.

Querida Mãe e Rainha dos enfermos e necessitados, caminha conosco pelos vales da tristeza e conduze-nos às planícies da serenidade, concedida àqueles que seguem teu Filho na missão de fazer o bem. Derrama sobre o jardim de nosso coração o orvalho da misericórdia, para que floresçam as sementes do amor em nossos gestos e palavras.

Amém.

Conclusão da oração

Lembrai-vos, ó puríssima Virgem Maria, que nunca se ouviu dizer que algum daqueles que têm recorrido a vossa proteção, implorado a vossa assistência e reclamado o vosso socorro fosse por vós desamparado.

Animado, pois, com igual confiança, a vós recorro, ó Mãe, ó Virgem entre todas singular. De vós me valho e, gemendo sob o peso de meus pecados, me prostro a vossos pés.

Não desprezeis minhas súplicas, ó Mãe do Filho de Deus humanado, mas dignai-vos ouvi-las, propícia, e me alcançar o que vos rogo.

Amém.

Nono dia

Oração inicial

Em nome do Pai, do Filho e do Espírito Santo. Amém.

Senhor, coloco-me diante de ti em atitude de oração. Sei que me ouves, me amas e me vês. Sei que estou em ti e que tua força está em mim.

Olha para este meu corpo marcado pela doença. Tu sabes, Senhor, o quanto me custa sofrer. Sei que não te alegras com o sofrimento de teus filhos.

Dá-me, Senhor, força e coragem para vencer os momentos de desespero e cansaço. Torna-me paciente e compreensivo, simples e modesto.

Neste momento, eu te ofereço minhas preocupações, angústias e sofrimentos para que eu seja mais digno de ti.

Aceita, Senhor, que eu una meus sofrimentos aos sofrimentos de teu Filho Jesus, que, por amor à humanidade, deu sua vida no alto da cruz.

Dá-me a cura física e espiritual! Sobretudo, que se faça na minha vida tua santa vontade. Amém.

Pai-Nosso. Ave-Maria. Glória.

Palavra de Deus

O servo de um centurião, a quem este estimava muito, estava doente, a ponto de morrer. Tendo ouvido falar de Jesus, enviou-lhe alguns judeus importantes para implorar-lhe que fosse salvar seu servo. Estes, apresentando-se a Jesus, rogaram-lhe encarecidamente: "Ele é digno de que lhe concedas isso, pois ama nossa nação e construiu a sinagoga para nós". Jesus foi com eles. Não estava longe da casa, quando o centurião lhe enviou uns amigos para lhe dizer: "Senhor, não te incomodes, pois não mereço que entres sob meu teto; por isso, nem me achei digno de ir a teu encontro. Tão somente dize uma palavra para que meu criado fique curado"... Tendo ouvido isso, Jesus ficou admirado com ele e, voltando-se para a multidão que o seguia, disse: "Eu vos digo: nem em Israel encontrei tamanha fé" (Lc 7,2-9).

Reflexão

A narrativa de São Lucas faz notar que, além da grande fé do centurião, devemos imitar-lhe também a humildade. A humildade não é a maior das virtudes, mas está na base da construção de nosso edifício espiritual. É ela que remove os obstáculos que nos impedem de viver a graça de Deus.

Oração a Nossa Senhora da Saúde

Jesus, Filho de Maria, a Senhora da saúde, a Mãe dos enfermos. Tu és o médico divino, tu dás a vida em plenitude àqueles que te buscam. Tu ouves, sobretudo, as preces que são colocadas nas mãos de tua mãe.

Eu te peço, então, por meio de Nossa Senhora da Saúde, tua mãe bendita: opera em mim uma profunda cura espiritual e, se for de tua vontade, também a cura física de todos aqueles problemas que me impedem de viver plenamente para teu serviço. Peço-te, de maneira especial, por esta dificuldade (... pedir a graça).

Mãe querida, acredito na força de tua intercessão junto a Jesus e sei também que, além de mim, há muitos doentes que precisam da presença curadora de teu Filho: aqueles que me pediram orações e muitos outros que sofrem nos hospitais e também em leitos de suas casas, muitas vezes sem recurso algum, sem médico que os visite, sem remédio suficiente e acertado... Tem misericórdia, Senhor, de cada um deles!

Maria, Mãe dos enfermos, conforta-nos e cuida especialmente dos mais pobres e desprovidos. Não os deixes sozinhos, Mãe santíssima!

Amém.

Conclusão da oração

Lembrai-vos, ó puríssima Virgem Maria, que nunca se ouviu dizer que algum daqueles que têm recorrido a vossa proteção, implorado a vossa assistência e reclamado o vosso socorro fosse por vós desamparado.

Animado, pois, com igual confiança, a vós recorro, ó Mãe, ó Virgem entre todas singular. De vós me valho e, gemendo sob o peso de meus pecados, me prostro a vossos pés.

Não desprezeis minhas súplicas, ó Mãe do Filho de Deus humanado, mas dignai-vos ouvi-las, propícia, e me alcançar o que vos rogo.

Amém.

Rua Dona Inácia Uchoa, 62
04110-020 – São Paulo – SP (Brasil)
Tel.: (11) 2125-3500
http://www.paulinas.com.br – editora@paulinas.com.br
Telemarketing e SAC: 0800-7010081